니체의 별

이선주 시집

시와
사람

니체의 별

2025년 10월 25일 인쇄
2025년 10월 30일 발행

지은이 이선주

펴낸이 강경호   편집장 강나루   디자인 정찬애
펴낸곳 도서출판 시와사람
등록 1994년 6월 10일 제 05-01-0155호
주소 광주시 동구 양림로119번길 21-1(학동)
전화 (062)224-5319   E-mail jcapoet@hanmail.net

ISBN 978-89-5665-796-7   03810

값 12,000원

＊잘못된 책은 구입하신 서점에서 바꾸어 드립니다.
＊지은이와의 협의로 인지를 붙이지 않습니다.

이 도서의 국립중앙도서관 출판예정도서목록(CIP)은
서지정보유통지원시스템 홈페이지(http://seoji.nl.go.kr)와
국가자료종합목록 구축시스템(http://kolis-net.nl.go.kr)에서
이용하실 수 있습니다.

니체의 별

ⓒ 이선주, 2025
이 책의 저작권은 저자에게 있습니다.
저작권에 의해 보호를 받는 저작물이므로
출판사와 저자의 허락 없이 무단 전재와 복제를 금합니다.

■ 시인의 말

도마 위의 물고기인 양

몸부림치던 순간을 생각한다

칼날에 잘려 나가던 시간이 지난 지금은

상처를 싸매고 다시 일어서는 카이로스의 시간

조각난 시간을 이어 붙인 스테인글라스의 시간

이제, 희망의 노래가 되리

독수리가 날개 치듯 비상하리

접힌 시간 환하게 펼치며 사랑으로 빛나리

2025년 10월

이선주

니체의 별 / 차례

시인의 말 · 7

제1부

16 가드너의 정류장
17 홍시를 꿈꾸다
18 접힌 시간에 관한 사유
20 은발의 코스모스
22 목소리의 향기
24 소나기
26 이국에서 온 낙타
27 브레이크
28 시인의 집
29 먼 길
30 산사에서 어머니를 더듬다
31 아카시 해후
32 바니타스

제2부

남자와 카라얀 36
자슬慈膝 37
모나리자 38
연두 새 39
백지 수표 40
바리새인을 씻기는 봄비 42
할머니의 명당明堂 44
코코 마드모아젤 46
바다의 악공들 48
길은 은총으로 흐르고 50
하얀 불길 51
습褶에 관하여 52
깨진 꽃 53

제3부

56 하얀 새들
57 감꽃 진 자리에 주홍등 하나 걸려 있다
58 늦가을의 온기
60 한밤의 황전
62 가을 입은 눈동자
64 우무인右拇印
65 빗길의 하이힐
66 수변의 봄
67 생강
68 문門
69 무지외반증拇指外反症

제4부

72 입하 연가立夏 戀歌
74 카이로스 속으로
76 니체의 별

다프네의 나목　78
간이역의 달팽이　80
은발의 레지스탕스　81
아프로디테의 신녀神女　82
긴 의자에 앉은 검불　84
크리에이터　86
캠핑장의 거울　87
어머니의 보자기　88
아베마리아　90
너를 벗어 놓는다　92
구들장 소묘　94
없는 봄　96
세량지에 화룡점정을 찍다　97
해넘이 영마루에　98

서평

니체의 별의 시학/ 강대선　99

니체의 별

제1부

가드너의 정류장

아침햇살이 반백의 머리에 은빛 왕관 씌우고
푸른 바람에 입맞춤하는 봄의 정원

가녀린 줄기, 보랏빛 구슬 흔들리는 버들 마편초
바람에 분홍 깃털 하늘하늘 춤추는 깃털동자
은빛 대롱에 선명한 진분홍 마음 내보이는 우단동자
붉고 흰 화동 앞세우고 오종종 봄길을 걸어오는 채송화
어머니 은은한 향기 그리운 천리향 금목서

때가 되면 찾아와 웃음꽃 한 소쿠리 담기는 아이들

크리스티나* 유혹에 가드너의 심장이 쿵쿵거린다
파랑새도 가드너의 가슴에 날개를 달아준다

어둠의 전언 밀려오면
노을을 머리에 이고 귀갓길 서두르는 황금빛 가드너

*퀸오브스웨덴이라 불리는 영국 장미.

홍시를 꿈꾸다

아침부터 햇살이 창문에 다리를 길게 뻗는다
염천에 땀방울 등줄기 타고 미끄러지는 시간,
늦가을 홍시를 꿈꾼다

젊은 날
땡감처럼 허공의 나뭇가지에 아등바등 매달려
함부로 떨어지지 않기 위한 떫은 성미는 아니었을까
그러나 나는 안다
홍시가 되기 위해서는 땡볕과 폭풍우를 견뎌야 한다는 것,
그러므로 오래 견뎌온 나는 홍시를 꿈꾼다
그 힘으로 온몸에 단맛이 스미고
가을 붉게 숙성된 풍경을 그리워한다

접힌 시간에 관한 사유

카풀 시간 훌쩍 넘기고, 늦어서 미안하다고 연락을 한다

한 시간이나 남았다는 메아리

이런, 한 시간이 접혔다

접힌 한 시간 동안 커피 한 잔의 여유를 만끽한다

접힌 시간은 여유로움과 사색의 시간

조급함을 밀어내고 훈기를 불어넣는 시간

도마 위에 올려진 물고기인양 시간에 허덕이며 몸부림치던 순간을 생각한다

칼날에 잘려 토막나던 시간

접힌 시간은 상처를 싸매고 다시 일어서는 기회

조각난 시간을 이어 스테인글라스가 되듯

이제, 희망의 노래가 되리

독수리 날개 치듯 비상하리

접힌 시간, 환하게 펼치며 빛나리

은발의 코스모스

바람은 파란 하늘에
코스모스를 배경으로 수채화를 그렸지
운동장에 다다를쯤
시작종이 울리고,

수업 시간에
창밖의 코스모스를 바라보며
바람결에 떠는 것이 아니라
높이 튀어 오르기 위한
도움닫기라고 공책에 썼지

몽니 난 사춘기를 지나
의젓해지는 아이들처럼
내 줄기도 굵어질 것이라고 믿었지

어우렁더우렁
삶에 뿌리내린 은발의 나이가 되었지만
여전히 흔들리지

아이도 부모도 연인도

흔들리며 삶의 근육이 붙지

우리는 모두
흔들리며 피는 코스모스*

흔들리며
별들도 반짝반짝 꽃을 피우지

*질서나 조화를 이루고 있는 우주, 세계.

목소리의 향기

카페에 들어서자
살바도르 달리의 시계처럼
흘러내리는 남자의 등허리
후려치는 굵은 빗방울 같은
탁자의 여자 목소리,
풀리지 않는 삶의 실마리 붙들고
발버둥치는 울음일까
처음부터
칼칼한 쇳소리였을 리 없다
툭, 꼬투리 터트린 봉숭아 씨앗처럼 떨어진
여자의 목소리
안쓰러운 마음에 옭아맨 마음을 풀고
그녀의 목소리를 되돌려준다
때로는 나도
목구멍에서 밀어 올리지 못한 말들이 있다
비빔밥처럼
버무려진 고독의 문장을 삼킬 때가 있다
침묵으로 주저앉아
딱지가 지기도 하는 마음들
말이 고개 숙이고

말이 접혀진 날개를
한껏 펼쳐 줄 때
목소리에서 진한 향기가 난다

소나기

모서리 뒤집고 지상을 때린다

양철지붕 용마루와 치미, 골, 역치로도

한여름 홍역 앓고 난 풋감 위에도

바람의 무등 타고 계절을 건너가는 아름드리 참나무도 때린다

깊게 뿌리 내린 나의 기억과 한 겹이 더 늘어난 생의 나이테와

천 년을 서 있는 바위의 마음을 때린다

나의 후회와 회한과 어리석음을 때리는

소나기는 회초리

회초리에 맞아

비 그친 뒤

맑게 갠 나의 영혼

이국에서 온 낙타

별들은 낙타 등 타고
뙤약볕 모래바람은 졸음에 겨운 낙타 눈썹을 길게 간질거린다

잠에서 깬 아기 낙타는
홑청을 걷어낸 눈으로 아득한 사막을 바라본다

왜 나는 발가락이 세 개일까
사막 길 모래에 미끄러지지 말라는 신의 배려일까
등의 혹은 목마른 사막을 건너는 오아시스

그런데 왜 우리는 동물원 쇠창살 속에서 관상용 꽃처럼 갇혀 있지

사람들의 호기심을 채워주는 헛꽃
동물원은 참꽃이 비문처럼 입체화된 흔적
아기 낙타의 볼에서 노을은 붉디붉고
어미 낙타의 눈은 머나먼 사막을 바라본다

브레이크

앞만 바라본 질주의 시간은 고독하다
때로 좌표를 잃을 때마다 혼자서 궁굴렸던 시간들과
유리천장 뚫을 기세로 가속했던 심장,
이제 브레이크 밟는 연습으로 서행하자
비로소 보이는 풀잎들의 여유로운 흔들림
운동화 부리에 채여 폴짝 뛰는 돌멩이들의 발랄함
잎들의 꼬리가 까치처럼 치켜 올린다
마침내 도달해야 할 미래역으로 가는 길
수국꽃 한 잎 한 잎 꽃송이가 되고
피고 지던 꽃송이는 천국의 열쇠가 될까
오늘은 내 속도에 맞춰 가는 길
파란 하늘 망막에 담겨오고
척추에서 평온한 바람의 노래 들려온다

시인의 집

아미산 산자락 아래, 시인의 아뜰리에

뒤뜰 갈참나무숲 그늘 바람에 손바닥이 간지럽다
모퉁이 실개천 바위에 앉아 있으니 상념이 물살에 빠져나가는데,

종달새는 우체통에 풀잎과 햇살과 바람의 건축자재를 물어다가 시의 집을 짓는다

산허리에 걸린 해가 귓불 빨개진 노을로 드리우면
대지는 아뜰리에에 어둠을 산란한다

시인은 창가에 앉아 수납된 기억을 꺼내 찬찬히 들여다보며 상념에 젖어 있다가
처마 끝에 별이 걸리는 저녁무렵, 어린 자신의 마음을 쏙 빼 닮은 시를 짓는다

오래된 항아리에서 술이 익는듯
밤 깊은 아미산 산자락 아래,
시인의 향기가 진동한다

먼 길

저승길 넘어가는 서산마루에 만장이 휘날린다

매듭짓지 못한 이야기는 노을로 물들었나

한번도 가보지 않은 먼 길

원삼 족두리 곱게 입혀 위무했지만

막내딸 머리맡에서

달포를 버티다가 뒷걸음치며

겨우 저승 고개 넘어간다

젊은 시절 어머니 닮은 할미꽃

묏등에 신접살림 차리고

흔적 없는 발걸음 소리는 한 생애 휘도는데

눈빛 아득한 저 길 끝까지

너울너울 춤추며 다가온다

산사에서 어머니를 더듬다

 바람에 펄럭이는 저고리 은빛 물결 같은 산 능선을 지나면 고즈넉한 산사는 고요하다 진분홍 저고리에 연지곤지 찍고 수줍어하던 지순한 신부였을, 꽃 같던 젊음의 흔적 남김 없이 지우고 가슴속 상처는 은은한 억새꽃으로 숙성시킨 미소를 품고 있다

 미명에 들판에 나가 땀과 눈물 쏟아내던 날들, 자식들 뒷바라지에 한 몸 비워내고 따뜻한 구들장 가슴으로 기도하시던 어머니. 뒤뜰 감나무 그늘에 등 돌리고 앉아 입에 문 담배 연기 허공으로 피워 올린 그 속앓이 이제야 더듬어 볼 수 있을 것 같은데 어디로 소풍 가셨는지 돌아오는 길은 구만리 장천

 양귀비꽃 수레국화 라일락으로 오셨나요, 분홍 노랑 보라 만장 같은 섶에 가려진 얼굴. 그 얼굴 단 한 번만이라도 만나고 싶은데, 철 따라 피고 지는 당신의 전 생애가 비밀 수장고에서 나와 훨훨 날아간다

아카시 해후

 고향 집 뜨락, 요람처럼 따뜻하고 외로운 발걸음으로 거닐면 어린 나를 다독이던 아카시 나무 하굣길, 마을 어귀까지 향기로 마중 나와 반겼지 대문 안으로 들어서면 마법에 걸린 듯 아득한 시간이 홍조를 머금은 서녘, 들일을 마친 등 굽은 호미 같은 그녀가 보인다 발걸음 재촉하며 마당에 들어서던 어머니. 하얀 꽃차례는 해 거르지 않고 계절을 기억하는데 평생 지워지지 않는 고향의 향기에 젖어 뜨락을 서성인다

 하얀 나비 떼들이 파닥이는 아카시 나무 곁을 어머니가 꿈결처럼 지나가신다

바니타스*

바람 앞에서 붉게 웃던 여인이었다

백일의 해와 비가 온몸에 스며든 여인
꽃잎은 지느러미 물결로 파닥이며
갈래갈래 붉게 갈라져 여름을 견디었다

백일의 해가 차오르고
참았던 눈물이 솟구치듯
여인은 잡았던 손을 놓는다

바람과 햇살이 지켜보고 있는 사이
스스로 생의 절벽에서 몸을 던진 여인은
바닥으로 사뿐, 떨어졌다

붉게 타오르던 여인이
백일의 세상 순례를 마치고 바닥에 엎드린다

엎드려 기도하는 시간이 잘게 부서진다
한때 푸른 바다를 떠도는 애드벌룬을 꿈꾸었으나
지금은 길을 더듬는 눈먼 지팡이

여인은 햇살을 받아 환하지만
내일이면 사막의 마른 삭정이 같을 것이다

여인의 입술을 축이게 하려고
물 한 그릇 붓는다

여인의 눈이 환희처럼 반짝인다
달빛이 찾아오면
공허로 드리운
시 한 줄을 남길 것이다

*라틴어로 공허, 헛됨, 가치없음.

제2부

남자와 카라얀

남자는
숨 가쁜 폭풍우의 길을 달려와
저녁 무렵 항구에 닻을 내린 배처럼
참으로 오랜만에 편안한 풍경을 바라본다

지그시 눈을 감고
가슴이 바다 물결처럼 여울지는,
카라얀의 베토벤을 듣는다

옥탑방에서
저녁과 새벽의 간극을 넘어
음악의 파도에 몸을 맡기고
물결 잔잔한 항해에 오른다

카라얀의 지휘봉이
남자의
오후를 연주한다

자슬 慈膝

소슬바람은 영산강 하구둑에 이르러 안식을 얻고
갈치 떼는 햇살에 은빛 지느러미를 애틋한 마음인 듯 드러낸다

허공에 걸린 달빛이 산에서 올라오면
달빛 휘감긴 영산강은 긴 생머리를 풀어 놓는다

인생의 하구에 와서야 별빛은 쉼표로 찍히고
고요로 부르짖는 은빛 그리움

어머니 무릎에 누워 꿈꾸던 여자아이의 눈가에서
따숩게 데워진 꽃 한 송이 흘러내린다

*자애로운 무릎, 어버이의 보살핌 아래 있음을 이르는 말.

모나리자

사색의 터널을 건너는 일은
고요하고도 부드러운 꿈에 스며드는 일
때론 거꾸로 보았을 때 진실의 언어가 보이기도 하고
무너지는 일이 세우는 일이 되기도 하니
그림 속에 갇힌 모나리자는 우울했을지도 모르지
양치기 산티아고*처럼 '우주의 언어'를 들으면서
꿈을 꾸었을지 모르는 일
그 꿈을 길잡이 삼아 배를 타고 대양을 건너
마침내 도착한 초록 무성한 정원
적막한 오후를 환하게 밝히는 모나리자의 입술
소나기가 갈라진 대지를 적시고 천둥 번개가 지나간 뒤
백일홍의 모습을 한 모나리자가 물구나무를 선다
한번도 들은 적이 없는
'우주의 언어'를 들려주며

*산티아고: 파울로 코엘료 저 『연금술사』의 주인공.

연두 새

가지마다 가지런히 앉은 연두 새들
간지럼 태우는 바람의 손끝에서 날개를 파닥인다
날갯짓에 햇살이 하얀 이를 드러내고
무등 탄 아이처럼 환하게 웃는다
겨울 환부를 쪼며 돋아난다
바람이 불면 하르르 재잘대는 신생의 아기 새들은
잿더미에서 살아난 불사조처럼
허공에서 날개를 파닥인다
연두의 아기 새들은
우듬지까지 한 핏줄로 이어져 눈부신 환호를 보내고
어느새 손가락 크기만큼 자라
내 꿈속까지 찾아와 옆구리를 콕콕 쫀다
웃음을 참을 수 없어 잠꼬대도
연두 연두

백지 수표

새해는 360날 공란의 수표책을 선물한다
한 치도 어긋나지 않는 공평의 시간

출근을 위해 옷을 고르듯
절망을 고른 남자는 절망으로
우울을 고른 여자는 우울로
공란으로 들어가 절망과 우울로 살아가고
희망을 고른 남자는 희망으로
사랑을 고른 여자는 사랑으로
공란으로 들어가 희망과 사랑으로 살아간다
수표책은 원하는 만큼 채울 수 있는 기회이지만
무엇을 채우느냐에 따라
야누스처럼 행운과 불행의 얼굴을 보여준다

100만 불의 허영보다 1만 원의 행복을 더 사랑한다

새해 아침,
백지 수표 위에 시 한 줄을 기입한다
절망보다는 희망이
우울보다는 사랑이

360날 가득하기를,
시집 같은 수표책을 당신에게 선물한다

바리새인을 씻기는 봄비

창밖에는
봄의 선율이 예수의 손길처럼 흐르는데

긴박한 고요 속
놀란 동공 점멸등처럼 껌벅거린다

툭 멈춰버린 심장박동,
핏기없는 얼굴
가시 같은 말들이 회오리 같이 파고든다

율법이 된 문장들이
상처로 파고드는 시간

창밖의 봄비는 예수의 손처럼
먼지를 씻어낸다

파릇파릇 살아나는 꽃처럼
바리새인의 문장을 순한 손으로 닦고 싶다

여명이 어둠을 밝히듯

한 줄기 빛으로 기도한다

사랑으로 살아내지 못한 것은
살아도 죽은 것이라며

가진 것 적어도
빵을 나누어 주시던 예수의 손

봄비가
율법에 갇힌
마른 가지마다 봄물을 적신다

할머니의 명당明堂

탁 트인 승가마을 한가운데
파란 양철지붕이 보이면 거기가 명당인 줄 아시오

비바람이 벗겨 내고 남은
페인트 흔적과 빛바랜 문패가 달린 대문이 있는 집

햇살 빠끔히 엿보는 텃밭에는
참깻대 여물어가고
까무룩한 시간이 낡아간
헛간 여물통에 워낭소리 찰방대는
등 굽은 할머니가 살다간 곳

명당이 따로 있을까
가꾸고 정 주면 명당이지
앞마당 잔디밭에 황새떼들

명당가明堂歌* 한 수 읊고 날아가고
툇마루에 걸터앉아
불태산 자락 열두 폭 병풍 바라보면

하루를 수납하는 서녘 하늘
아침이면 동쪽 하늘 서광瑞光 몰려 왔던

이곳에 오면
훈훈한 웃음꽃 피고

서로의 얼굴 바라보며 신비로워지던 곳
할머니 입술에
홍매화 붉은 입술 환하게 벙글어지던
내 유년의 기억이 새겨진
명당 중의 명당

*조선 후기의 가사歌辭. 풍수지리설에 따라 명당의 조건을 제시하고 그곳에 집터를 잡아 부귀한 생활을 해 보고자 하는 염원을 담고 있다.

코코 마드모아젤

 아침 햇살을 왕관처럼 두른 아가씨의 쉬폰 원피스 자락이 팔랑거린다

 운명의 여신을 미소 짓게 하는 프랑스에서 날아 온 코코 마드모아젤*

 지난밤, 잠 못 이룬 엉킨 실타래 풀어내는 쟈스민 패출리 바닐라의 편안한 달콤함

 활기찬 노트**로 시작되는 톡톡 튀는 오렌지와 베르가못

 흙내음과 나무향의 깊고도 풍부한 향기의 언어가 나긋하게 날아온다

 부산한 아침, 의식을 치르듯 분사하듯 뛰는 맥박

 아이가 뜀박질하듯 보드라운 벨벳을 두른 애인의 심장

 자유분방한 날개를 달고 날아오르는 영원한 파트너

풀 나무 정향 돌 라임 계피 오렌지꽃 장미 때죽나무 향기에 취한 자크뽈쥬

천국에 이르렀을 환희는 잔향 오래 머무는 천사의 이름

내 영혼이 하늘 주소로 전입하는 날

코코 마드모아젤 잔향으로 인사를 꿈꾸는 마지막 작별

*젊은 세대를 겨냥한 자크뽈쥬 조향사가 만든 향수.
**향수병을 열거나 향수를 뿌렸을 때 느껴지는 향기.

바다의 악공들

해조음이
어서 일어나 연주를 시작하라고
악공들의 귀에 속삭인다

태고의 바다에서 전해져 음들이 서곡으로 삼고
부둣가 폐선에 걸린 간판이
덜렁이며 내는 소리를 북소리 삼아
연주를 시작하라고
모래톱을 다독이는 파도 소리를 허밍으로 나울거리는

악공들의 악기에서
짱뚱어가 갯벌 위에 그린 빠른음표로 뛰고
철새는 되돌이표로 날갯짓한다

솟구쳐 오르는 숭어 떼들의 파닥거림,
물결 따라 흐르는 미역과 해초들을 쉼표로 데려온다

그 사이 살짝
꽁지발 딛고 들어온 섬 그늘 같은 여린음표
높고 낮은 화음이 모여

모음母音을 연주한다

태동처럼 울리는 어머니의 자궁
모래의 시간을 견딘 진주알처럼 영롱한 음들

썰물처럼 빠져나간 세월에
눈물로 음을 찍어대면
따개비는
어머니 가슴에 붙어
고동 소리 길게 울음 운다

길은 은총으로 흐르고

철길은 녹슨 평행선
침목 사이에 풀꽃이 피었다가 진다
기차의 경적은 철로처럼 끊겨 있다
소나무에 옷자락 스치며 인연의 에움길을 걷는다
그대는 교집합으로 똘똘 뭉쳐있는 둥근 공이었나
퍼즐처럼 제 자리를 찾아내는 기억들
바닥을 통통 튀며 구른다
빗질한 머리에 동백기름 바른 할머니처럼
가지런해진 마음이 수평을 이룬다
녹슬어도 또 만날 수 있겠지
불투명한 미래는 보증할 수 없는 담보물
기분을 가불하지 않겠다
달빛 창가에 말러의 4번 교향곡이 부팅되면
다윗의 참회의 눈물,
미제레레로 화답하는 고요한 파문
머물다 간 시간이 홀로 접점이다
그대와 나는 철길처럼 흐르는 평행선
은총으로 흐르는 길

하얀 불길

구례 삼백 리, 하얀 불길이 탄다

햇살이 그늘 사이로 깨금발질하고

발설하지 못하고 묻어 둔 그리움도 움튼다

마중물로 쏟아지는 이름들

별밤에 추억의 매듭 풀어놓는다

비문들이 꽃비로 흩날리면 세월을 감는 초승달

바람에 밀 까부르듯

카메라 앞에서 치즈, 위스키로

하르르 웃음꽃 피우는 사람들 사이로

하얀 나비, 하랑하랑 날아간다

습潛에 관하여

갑골문자처럼 오래된 흉터를 지닌 어머니는
안전벨트 맨 채 비행기 뒷좌석에서 사락사락 잠을 넘기며 중얼거립니다
아디오스, 좌표를 잃는 난파선처럼 삶의 난바다에서 발버둥 치던 날들아
사람들과 부대끼며 빵을 사야 하는
캄캄하고 어두운 그늘에서 돋아난 이끼처럼 축축해진
어머니의 눈물이 끝없는 미로처럼 흐릅니다
닳아진 신발 뒤축처럼 습은 바뀌지 않은 좌표
얼음판 위에서 미끄러지던 시간들이
견고한 눈물을 자아내기까지 무릎은 둥글어져 갔습니다
습은 불완전해서 멈출 수 없었던 외길
붙잡을 것이 없어도 삼십 년을 매달렸던 갑골문자들 사이로
어머니는 비로소 표준화된 시간의 꼬리를 잡아봅니다
습의 외줄을 타고 쉼 없이 달려온 영광의 그림자
지나온 여정이 달력에 지문으로 찍힙니다
그 누구도 카피할 수 없는 미로의 좌표 위에서
어머니의 내력이 흉터 속에서 둥글어집니다

깨진 꽃

파편이 바닥에 널브러져 울고
누군가 던진 돌멩이와 함께 흩어진 유리조각들이 불면의 밤을 찌르고 있다
남용한 방종의 대가였을까
와르르 무너진 나락 끝에 공허가 발효되고 있다
쇼윈도우 모델인 양 나르시즘에 빠졌던 날들이 깨지고,
단단히 껴입었던 사랑이 깨지고
깨어진 약속이 파편처럼 심장을 찌르고 있다
지나가는 사람들이 쯧쯧, 혀를 차고 가지만
누가 던진 돌인지 알 수 없어 미궁은 두려움이 번식한다
유리창보다 깨지기 쉬운 마음이었을까
덧바른 연고처럼 깨진 마음에 반창고를 붙인다
남아 있는 사랑에 금이 가 있다
생선 비늘처럼 파닥이는 유리 조각을 집어들고
귀를 자른 자화상처럼
눈, 코, 입, 손발이 흩어진다
깨어진 별빛의 가물거림이 처연悽然하다

제3부

하얀 새들

동백나무 이파리에서 새들이 미끄러진다
어둠 깔린 도로에서 새들이 종종거리며 걸어간다
부리 끝에서 자음과 모음으로 흩어지는 소리들
뱉어내지 못한 사색들이 원고지에서 미끄러진다
헐벗은 나뭇가지에서 떨어지는 새의 몸
허공을 배회하던 새들이 바닥에 내려앉는다
거울에 비친 내 머리카락처럼 하얗다
불빛에 어른거리는 새들의 어룽한 눈물
설익은 시를 뜸 들이며 무리지어 날아간다

감꽃 진 자리에 주홍등 하나 걸려 있다

마을풍경은 손에 닿을 듯 말 듯 다가오고
주홍등은 봉지 안에 든 사탕처럼 설레게 한다
살살 녹는 윤기를 뿜으며 저녁을 밝힌다
만삭이 된 붉은 노을 사이로
터질 듯한 붉은 입술을 드러낸 채
일순간 툭 끊어져 불이 꺼질 때까지
바람이 불어도 가지 위에 매달린 주홍등 하나
심지에서 타오르는 노을의 공명
홀로 겨울의 황량함을 밝히는 정情일까
가슴을 따뜻하게 감싸는 주홍 온기 한 점
진주처럼 빛나는 늦가을의 양지

늦가을의 온기

양버즘나무 우듬지가 호롱불을 켜면
길은 산허리로 휘어지고
철새들은 시절 바람을 타고 날아간다

틀니 빠진 할매
마지막 남은 늦가을 온기
소슬하게 휘묻이 한다

강기슭으로 밀려오는
물비늘과 솔바람의 공명

핏빛 옻단풍에 아슬아슬 시선이 묶이고
옻쟁이 부부가 이십 리 오일장 고갯길 넘어
먹갈치 한 마리 사 오던 날

문고리에 광목 끈 매달고
긴 강 홀로 건너간 지아비
옻칠처럼 휘감은
절망의 그림자를 더는 견디지 못했는가

백년해로 약속을 나무 상자에
함께 넣어 뗏밥으로 덮어준 새댁
고요한 새벽
옻쟁이 부부가 아무렇지도 않은 듯
이승과 저승의 경계에서
관棺에 못질을 한다

한밤의 황전

1
황금 들녘이
어둠으로 들어가면
바람도 길가에 나와 숨을 턴다
느닷없이 발을 헛디딘 것처럼
구례구 황전을 지나가다
황천으로 오독한 네비가 죽음 쪽으로 차를 몬다

2
검은 그림자
빽빽한 저승 사자가
팔 내밀어 외길을 움켜잡고 밀고 당긴다
빗줄기의 정령들이
혼란한 내 영혼을 흔드는 사이
가슴은 절벽에 가 닿는다

3
문득,
생으로 가는 가로등이 나타난다
죽음의 늪에서 풀려나는 길목처럼

황천이 황전으로 돌아오는, 리셋
영혼은 다시
황금 들녘에서 초서로 물결치고
이 한 생,
가냘픈 코스모스처럼
흔
들
렸
다

가을 입은 눈동자

철 지난 가을옷을 꺼내 입는다

거울 앞에서 지그시 눈을 감고 만다

CT결과지에 악성 종양으로 해석된 소년의 가을
뇌신경세포에 휩싸여 신음 소리도 생략한 채 무음으로 지워지던 눈동자
동공으로 빛을 모으지 못하고,
황금벌판과 붉은 단풍조차 읽어내지 못하고
불투명 유리창이 되어가던 그해 가을

엄마의 눈물과 소년의 눈물이 서로 불쌍하다며 섞여들었다
잎들이 떨어지는 나무처럼 생의 시간을 떨어내는 병실에서의 작별을 가을은 기억한다
바람에 흔들리며 낙하를 주저하는 낙엽의 눈물
마른 이파리처럼 눈망울만 파르르 떨렸다

늦가을이 손바닥에 잡히는 건 식은 눈물 자국
그해 가을을 잊어버릴까봐

봄이면 가을과 눈물에 젖은 눈동자를 꺼내입는다
슬픔의 현絃 위에 추억이 된 이별 하나 얹어 놓고

상현달을 바라보며 소실점 된 소년의, 가을의 동공을
착시된 어제처럼 입는다

우무인右拇印*

한때 잘나가는 머리였다고 자처하는 사내들의 습관
나비처럼 날개 팔랑이며
감춰진 비밀을 낱낱이 풀어 놓곤 하지

그 사내도 예외는 아니었어
폭풍우 헤쳐나온 무용담, 침 튀기며 울대가 바르르 떨었지
엄지손가락을 네 손가락으로 말아쥔 모습이
수장된 보물 같았어
서류에 우무인 찍어야 하는 순간
사내의 당당한 목소리가 가라앉았어
밑둥만 남은 불모지 같은 엄지손가락을 내보였지
이 남자가 엄지손가락으로 엄지척할 수 있는 날이 올까

여뀌꽃 같은 아픔이었지
남은 밑동에 싱싱한 인주를 접목시켜

우무인을 꾹꾹 찍어 주었지
돌아올 수 없다 해도 아직 끝난 것은 아니므로

*오른쪽 엄지손가락 지문 인식.

빗길의 하이힐

정장한 여인이 우산을 쓰고 오르막길을 오르고 있다

또각또각 내딛는 하이힐 발자국 소리

선명하게 회귀하는 음들

하지의 밤에 고인 눈물이 흘러내린다

맨발로 튕겨나갔던 너는 어디에 있을까

봄이 오면 가장 먼저 꽃을 피운 복수초처럼 네가 돌아오기를 기다리는 밤

조용히 울려 퍼지는 빗길의 하이힐 소리

교회 종소리로 저며 온다

수변의 봄

 가파른 층계에 운동화을 벗어놓는다 환부를 묻은 듯 가벼워진 맨발로 걷는 길, 오종종 미소 짓는 봄까치꽃을 만나 눈인사하고 강가에 서면 은빛 윤슬이 바람 무릎에 앉아 재잘거린다 가지마다 물오른 잎들은 허공에서 날개 파릇하고 겨울을 버텨온 삭정이 등껍질은 이끼들과 작별하며 떨어진다 구부러진 데크길을 걸으면 강 건너온 바람, 이마의 땀방울 닦아주고 산벚꽃 얼굴이 환하다

 옹이 같은 시름을 몽글몽글 주물러 주는 호수의 바람, 젖은 깃털 말리는 까치도 스타카토로 울고 시름을 대신 앓던 운동화를 멀리 벗어나 맨발로 사뿐거리며 꿈결인 듯 웃는다.

생강

　찬바람 일면 필독서로 읽는 뼈 있는 서술이 울퉁불퉁하다
　햇살로 여민 초록 이파리 안은 알싸한 근성의 햇살
　알몸으로 드러누워 삐죽삐죽 일탈하는 사춘기 사내들
　매콤달콤한 유혹 못 이겨 서슴없이 다발 째 들어 올린 여인들
　한세상 홀로 버텨야 했던 쓴물 회한 투명하게 반추한다
　천둥번개 달려들어 이파리 흔들어댄 몸부림의 서사
　옹골찬 진통의 이력이 단단해진 대붓 되어 획을 긋는다
　맵고 진한 눈물과 땀방울로 대차고 악착같은 저 성질값
　껍데기 같은 표지는 무심해도 다향茶香 우러낸다
　단편 같은 속살 저며내며 칼끝으로 갉아내는 뜨거운 가슴에 감긴 혀에
　사르르 스며들며 잔기침 떨쳐내는 시를 앉힌다
　켜켜이 붉은 시향詩香으로 낙관 찍는 가을 눈동자

문門

울고 있는 문
언젠가 보았지 퉁퉁 부운 눈시울로 나를 기다리고 있는 문
알몸으로 달빛을 받고 있는 문
나도 모르게 들어가고 싶은 그 문
이제야 알겠네
왜 문들이 하나 같이 울고 있는지
기다리는 문은 얼마쯤 슬픔이 화인火印처럼 찍혀 있어
눈물이 그렁거리지
고요와 적막을 기다림으로 바꾸고 있는 문
나는 저만치 서서
문으로 들어갈 수 없었던 날들을 생각하네
슬픔에 출렁이는 문 앞에서
한없이 젖고 마는 나는
문 앞에서 돌아서는 문
그 사람 어깨에 달빛만 걸쳐놓고 돌아서는 문

무지외반증 拇指外反症*

엄지발가락이 마치 구부러진 오이 같다

천천히 핥아먹었던 어린 시절의 오다마**가 해죽 웃는다

입가에 묻은 단내가 통증으로 각을 세운다는 생각

오이를 어루만지며 내 생의 굽은 모서리의 시간들을 생각한다

뾰족한 하이힐로 유리천장 뚫어 보겠다고 숨 막히게 달리다가 문득

굽은 길 위에 서 있는 내가 보인다

굽은 오이 발가락이 천 개의 눈물로 발효된다

*엄지발가락 관절이 안쪽으로 돌출된 상태.
**달콤하고 큰 사탕.

제4부

입하 연가 立夏 戀歌

싱그러운 질문들이 초록의 신전神殿에 매달려 있다

계절의 층계에서 익어가는 푸른 꿈들이 구름을 하얗게 수놓는다

산들바람은 보드랍게 여물어가는 보리를 휘감는 듯 애무하고
하늘은 티끌 하나 남기지 않는 청명清明으로 깊어진다

무논 개구리들은 별들이 기척이는 소리에 놀라 목청 높이고
박새는 손가락 위로 날아와 해바라기씨 물고 날아간다

고요한 시심을 깨운 바람은 한 옥타브 올라간 감정을 쏟아내고
투명한 햇살은 초록잎에 명문名文을 쓰는데 해찰을 모른다

만물이 날개를 달고 날아오르는 시간
운동장에서 뛰어노는 아이들의 웃음소리 명랑하다

봄꽃은 지고 없어도 향기는 말없이 가득 차오르면
나는 오래도록 초록 신전에 들어
푸른 사랑의 불씨를 제단에 올려놓고 두 손을 모은다

별들이 내려오는 시간
깊어진 초록 경전을 읽어내리는 가로등 밑,

달밤별밤 익어가는 연인의 목소리가 초록 눈물로 흐른다

카이로스 속으로

잠수한다

한 번도 마주한 적 없는 에메랄드의 시간 속으로
호흡이 가빠오고 동공이 확장되는
미증유의 시간

골든 트레빌리 두동가리돔 파랑비늘돔이 곁을 스쳐 지나간다

산호들이 이룩한 성城에 도착하면
가슴과 머리, 손과 발에서도 노랗고 파란 꽃들이 피어난다

저 무성한 시간의 군무
일사불란한 카드섹션처럼 반짝인다

외면했거나 닫아버린 촉각들이
절대의 시간처럼 일어선다

매 순간이 모여 노랗고 파랗고 붉은 산호성을 짓는다

순간을 무시하고 영원만을 위해 발버둥쳤던 나의 시간 위로
금빛 햇살이 아름다운 순간으로 부서진다

산호에 스며든 금빛 보화들이
줄지어 등불을 밝히면

나는 잃어버린 카이로스를 찾아
영원한 잠수를 꿈꾼다

니체의 별

진흙탕만 보이던 시간이었어

눈보라 속에서 길을 잃고 제자리로 돌아와 울던 사랑

잃어버린 길 위로 천둥과 번개가 내리치는 악몽을 꾸었지

귀가 멀고 섬유화된 폐처럼 어둠에 갇혔지

팔도 다리도 없이 진흙탕을 뒹구는 두려움

눈도 귀도 혀도 없이 영혼이 없이 살아가야 하는 시간 앞에 암담으로 울었지

흑암 속에서 별이 보였어

단맛을 잃지 않고 겨울을 건너온 봄동처럼

천둥과 번개의 음표로 청중의 가슴을 아름답게 때리던 베토벤처럼

팔도 다리도 없지만 희망을 전해주는 닉 부이치치처럼

아름다운 영혼을 지닌 헬렌켈러처럼

빛나는 초인들의 별

진흙탕에서 피어나는 꽃

나는 눈에 쌓인 어둠을 털고 니체의 별을 바라보았지

다프네의 나목

발가벗겨져 마른 뼈가 드러나도
죽지 않는 나무가 있어요
고목枯木을 고사固辭하고
혹독한 시간을 묵묵히 지켜내며
견고한 나이테를 새겨요
아버지는 무색의 목피木皮를 벗고
언제쯤 초록 이파리 옷을 입고 날아오를까요
이제 곧 꽃봉오리라도 터트릴 것 같은데
나이테 속에 웅크린 아버지는
날개 펴는 법을 잃어버린 듯
붉게 물든 고독 속에 앉아
갈대 바람을 무덤하게 넘기고 있어요
어둠이 짙어지면
아무 일 없었다는 듯
왕래했던 문장들을
가지에 앉은 별처럼 껴안고서요
아늑해지는 고요 속
뼈가 드러난 아버지의 구멍을 메우고 싶어요
용암이라도 분출할 것 같던
구멍 속은 고요가 똬리를 틀고 있나봐요

마중물을 붓듯이
아버지의 몸에 봄물을 부어요
뼈가 푸른 가지로 돋아날까요
아버지의 어깨죽지에 귀를 대어보니
다프네*의 심작 박동이 콩닥거려요

*그리스 신화에 나오는 숲의 정령으로 강江의 신 페네이오스의 딸이다. 아폴론의 구애를 받았으나 거절하고 도망하다가 월계수로 변했다.

간이역의 달팽이

굳게 잠겨 있던 어둠이 새벽의 문을 열자
생기발랄한 아침이 춤을 춘다

플랫폼에서 갓 빠져나온 발걸음들이 경보음 울리며
간이역을 빠져나간다

신호음조차 고장 난 구석
출구를 잃어버린 달팽이의 퀭한 눈빛, 허공을 부유浮遊한다

창밖을 두드리며 튕기는 빗방울이
비명처럼 비릿하게 떠돈다

내다버린 껍질의 점액질처럼 말라붙은 눈물
얼굴을 가슴에 묻는다

수그린 등뼈에서 쉰 냄새가 얼룩처럼 번진다

발랄하게 춤을 추는 간이역의 반대 방향으로
웅크린 달팽이가
엔딩처럼 문을 닫아건다

은발의 레지스탕스

억새는 저항한다

석양이 몰고 오는 붉은 어스름에
강물에 눈 부시는 윤슬에
비튼 난장으로 후리는 바람에

저항한다

흔들리는 일은 저항하는 일
쓰러지지 않기 위해
온몸을 흔든다

억새는 은발의 레지스탕스

흔들리며
씨앗을 심는다

아프로디테*의 신녀神女

 달싹이는 바람에 여인은 임인 듯 꿈인 듯 분홍 입술 내밀고
 지나가던 노승은 그만, 수줍게 나폴거리는 촉촉한 입술을 훔치고 말았다지요

 그 모습에 삽살개가 살살거리며 장구 치듯 꼬리를 쳤다는데

 달짝지근해진 스님과 빨개진 여인은 먼 하늘만 바라보았다던가요
 무안해진 스님은 바람을 몰고 서둘러 길 떠나고
 여인은 그 자리에서 속살까지 붉어졌다지요

 폭염暴炎보다 뜨거워진 불이 되어 타오르는 화서火書였다지요

 미친 듯 아니 미친 듯 붉은 꽃 머리에 꽂고
 나신인 듯 아닌 듯 여인은 절간 담을 엿보았다는데
 노승의 모습은 가뭇없고 그 마음 아는지 모르는지
 불경 소리 무심히 높기만 하였다네요

계절 지나 슬픈 여인은 백일 동안 부푼 가슴을
아프로디테 신전 앞에 제물로 바치고
무심한 칼에 베인 듯. 뚝뚝 꽃물 든 비의悲意로 떨어져
내렸다지요

눈 쌓여 찬 바람 오가는 그 자리에
어제인 듯 찾아 든 노승의 발걸음 소리
그 소리에 저승에서 눈을 뜬 여인이 노을로 붉게 흐드
러졌다지요
노승이 넘어가는 산 너머까지 물들였다지요
저승까지 붉어졌다지요

*그리스 신화 속 미와 사랑의 여신으로 사랑·성애·다산을 상징한다.

긴 의자에 앉은 검불

예배당 안 긴 의자에 마른 나뭇가지와 마른풀, 마른 낙엽이 앉아 있다

닳은 스웨터와 단아한 정장으로 앉아 있던 사람들이었다

덥수룩한 수염과 낡은 옷차림으로 신을 경배하던 사내는 어디로 갔을까

있어야 할 빈 자리가 침묵을 드리운 채 서늘하다

천상의 노래가 하늘사다리 오르내리는 축제가 한창인데

필경 그도 꿈꾸었던 순간이었을 텐데

마른 나뭇가지와 마른풀, 마른 낙엽이 바람을 따라 하늘로 올라가도 보이지 않는다

그가 앉을 긴 의자를 기도로 정갈하게 닦는다

홀로 외로움을 삼키고 흐트러진 다리 오므리며 그를 기다린다

그는 새벽이 오듯 그렇게 올 것이다

크리에이터

피사체 전후좌우 초점을 맞추고 거리를 유지한다
수만 번의 캡쳐와 업로드
색을 입혀 창조된 액정으로 EQ지수 높이는 창조자
낙엽이 신발 자국을 읽는다
파도가 갯벌 위에서 탄성을 지르며 지나간다
삶에 짓눌렸던 가슴이 리프팅된다
줄을 이은 수만 명 팔로워가 춤을 추듯 좋아요를 누른다
상승하는 그래프
조도照度의 눈물이 볼을 타고 흘러내린다
반짝이는 랜턴 쉐이드
손바닥 사각창에 별빛으로 아우르는 예술혼
그라데이션은 절정으로 깊어지고
잃어버린 너와 내가 일상의 습도를 견디고 새롭게 태어난다
탯줄을 잘라 태어난 나의 별

캠핑장의 거울

함박눈이 쏟아지는 날 캠핑을 갔다
팽팽한 에어 기둥들을 만져 보며
양양했던 나의 시절을 바라본다

당당하게 유리천장을 향해 직진하느라
소원疏遠 했던 인연의 거울
그림자 환상이라도 붙잡겠다고
시린 하늘 응시하던 별의 시간들
삐걱대는 것들을 단단히 고정하고
완성되지 못한 문장들을 하나 둘 추스른다

세월이 반백으로 물들인 이후에야
티끌 같은 보석들이 모여 집단을 이루듯
점의 순간들이 운명을 따라 일정한 궤도를
그린다는 것을 알았다

끝없이 과열되었던 성정性情을 늦추며
거꾸로 되감는 거울
회한의 미소는
서쪽 하늘을 이고 있는 작은 호수 위로
미끄러져 내린다

어머니의 보자기

광주행 완행 버스
이마에 깊게 패인 세월, 창가에 기댄 어머니
뙤약볕에 그을려 구운 전세자금 옆구리에 두르고 혼곤하게 잠 들었다

흔적의 지문조차 남기지 않은 검은 손에
빈 껍질처럼 남은 옆구리
혼이 빠져나간 듯 정오가 빠져나갔다

허공에서 비칠거리던 눈물도 바닥을 구르는 땀방울도 가뭇없이
사십 년이 구불구불 흘러갔다

상심한 마음을 추켜세우며
하얀 모찌떡 질끈 동여맨 삶의 보자기

옆구리 암담하던 그날의 눈물이
이제는 수려한 문장처럼 꿈도 영글어 가는데
죽음에 보쌈당한 그녀는 어디에 걸려 있는가

눈물이 차창에 흘러내리는 빗방울처럼 미끄러진다
어머니를 품은 보자기를 쓰다듬는다

매듭 속에 숨겨진
한 여인의 천태만염千態萬艷*

*여러 가지 모양으로 곱고 아름다운 모습.

아베마리아

룸블라인드 속에서 조수미가 무대에 오른다

소리의 깊이를 숄로 두르고

수만 번의 발성으로 부활하는 아베마리아

순간, 무대는 고요의 파고가 일렁이고

나는 아버지와 함께 하늘로 오른다

아버지 비보悲報를 가슴에 묻고 부른 아베마리아

은총을 가득히 받은 이여, 기뻐하라. 주께서 너와 함께 계신다*

울음을 대신 한 기도가 진폭이 되어

들썩이는 어깨 토닥이는 무대

숨소리 죽인 고요의 바다에 천상의 목소리가 메아리친다

열광하는 함성의 파도

환한 미소와 함께 무대가

엔딩 속으로 사라진다

＊아베마리아 가사 일부 인용.

너를 벗어 놓는다

블루정장 핏에
화이트 칼라 블라우스 코디가 돋보이는
당당한 커리어우먼
너를 벗어놓는다

철따라 꽃피듯 변모하던
단아한 패션 스타일,

네모 모니터에 빨대처럼 망막을 꽂고
숫자 분석에 몰입하며 소숫점 오차조차
절대 허용하지 않은 깐깐한 성미의,

출근 전 착장하고 전신거울 앞에 서서
머리 끝에서 신발까지 훑어 보며 미소짓던
너를 벗어놓는다

은퇴의 시간
첨예한 생의 줄다리기로 살아온 너를 벗어놓고
이제 신이 주신 소담스런 밥그릇으로 살아가리

바자회 매대 위에
삶의 긴장으로 묶인 끈을 풀어
오래, 나의 페르소나였던
너를 벗어놓는다

구들장 소묘

구들장 밑으로 고래의 길이 있지
부지깽이로 쑤시면 활활 불꽃의 심지 세워 타오르는 아궁이에서
열기가 지나가는 길
얼어붙은 겨울을 녹이는 고래 울음소리가 밑장에서 들려왔지
따끈한 아랫목에서 총총 빛나는 은하수를 덮고 잠이 드는 밤
매운 냉갈에 눈물 흘리는 엄마가
부엌에 앉아 시름을 태우시는 줄 몰랐지
청솔가지 같은 속 울음 꺾어 식은 구들장 덥히시던 엄마의 손
굳은살 터지고 물집 잡히는
손의 마음을 나는 정말, 몰랐지
눈물 콧물 뒤범벅이 된 지금에서야
홀로 우리를 키운 어머니의 새까만 속울음이 아궁이를 지나
고래를 통과했다는 사실을 알았지
문패를 매달 듯 삶을 따뜻하게 매달았다는 것을 알았지
엄마는 고래였지,

그 고래를 지나는 엄마는 그을음이었지
우리는 그 겨울을 빠져나간 온기였지

없는 봄

은행나무는 해마다 연두로 봄인데
나는 해마다 노란 가을에 머물러 있습니다

부채꼴로 몽글몽글 피어나는 꿈인데
나는 꿈마저 노랗고 창백합니다

살랑이는 바람은 부푼 치마를 들추는데
세상은 꽃등을 켠 환한 봄,
나는 스산한 바람이 부는 가을입니다

연두는 스타카토로 돋아나 대지를 뒤덮는데
나는 눈물이 돋아나 세상이 흐릿합니다

고통이 앞을 가리면 노란 가루약 털어놓고 눈을 감으시던,
쓰디쓴 약을 견디시며 그 긴 계절 보내시던,
손때 묻은 십자수 횃대 걸어두고 눈물 흘리시던,
어머니, 당신이 없는 봄에

나는 여전히 칼바람입니다

피어나지 못하는 겨울입니다

세량지에 화룡점정을 찍다

안개를 찍은 붓은 호수의 경계를 지우고
산벚꽃은 고요한 물 위에 징소리처럼 둥글게 퍼진다
산호섬 같은 세량지 화폭에
잔물결 따라 나비춤 추는 봄빛
나비의 날갯짓에 여백이 흔들리고
구름은 설렘의 하루처럼 부풀어 있다
꽃반지 끼고 풀잎사랑 약속했던 그림자는 호수 밑에서 숨 쉬고
시계풀꽃 쭈뼛대던 낯빛은 환해진 물결에 번져간다
헹구고 헹구어도 지워지지 않은
꽃잎 한 장 화룡정점으로 내려 앉는다
멀지도 가깝지도 않는 그 사람
있어도 보이지 않는 심장이
쿵쿵 살아오는 듯 뛰기 시작한다
꽃물 드는 은빛 그림자만 홀로 서성이고 있다

해넘이 영마루에

 가녀린 그녀가 연분홍으로 서 있습니다 자꾸만 어둠을 향해 손사래 치는 어머니처럼 달려오는 산 그림자를 밀어내고 싶었을까요 막내딸이 산달로 흐드러질 때 흰 반죽에 연분홍 화전花煎을 부친 어머니 선홍빛 핏방울 쏟아낸 어머니가 홑 껍질로 하늘 소풍 가신 그날, 어제인 듯 선명한데 만져지지 않는 어머니의 옹이 박힌 손 대신 연분홍 그리움으로 흐드러진 그녀를 노을 바구니에 가득 채웁니다

 진달래 화관花冠 엮어 당신이 계신 곳으로 노을이 달려가고 있습니다

평설

니체의 별의 시학

강대선 (시인)

평설

니체의 별의 시학

강 대 선
(시인)

1. 영성으로 꽃피는 시간

이선주 시인은 신앙인이다. 그것도 독실한 믿음을 가지고 있다. 신앙은 믿는 일을 근간으로 한다. 그러면 이선주 시인은 무엇을 믿고 있는가. 바로 신의 은총이다. 신의 은총이 인간에게 소나기처럼 쏟아지는 사실을 시인은 의심하지 않는다. 그의 시편을 들여다보면 인간이기에 겪어야 하는 죄와 고통과 고난이 여실히 드러난다. 하지만 시인은 인간이라는 사실에 절망하지 않는다. 신의 은총이 시인에게도 자리하고 있다는 사실을 알기 때문이다. 시인은 스스로 죄인의 자리에 내려놓음으로써 위선과 교만의 자리에 저항한다. 이러한 저항이 시를 꽃피운다. 믿음을 기반으로 한 저항이야말로 이선주 시인이 지닌 가장 아름다운 긍정 에너지이자 시를 밀고 나가는 힘이다.

시인은 「깨진 꽃」에서 "조각난 파편이 바닥에 널브러져 울고 있"다고 말한다. 내 의지와 상관없이 "날아든 돌멩이와 함께 흩어진 유리 조각들이 불면의 밤"을 선사하고 있다고 말한다. 어디에서 무엇 때문에 내가 이 고통을 당해야 하는가, 라는 물음에 다다르면 시인은 타인을 원망하기보다는 자신을 돌아본다. 원인을 자신에게 돌리는 것이다. "방종의 대가"였을까를 통해 자신이 지금까지 행해온 일들을 돌아본다. 이러한 자기반성은 "쇼윈도우 모델인 양 나르시즘에 빠졌던 날들"을 생각하면서 자신을 깨뜨리기 시작한다. 지금까지 사랑이라고 생각했던 시간이 어쩌면 나를 사랑하는 나르시즘이 아니었는지 묻는다. 유리창이 깨지는 일은 마음이 깨지는 일이다. 이 깨진 유리창은 자아가 깨지는 다른 표현이다. 이 깨진 마음에 연고를 바르듯 '반창고'를 붙인다. 시인은 이러한 반성과 성찰의 행위를 통해 "귀를 자른 자화상"을 본다. 치열한 자기 응시. 이것이 시인이 추구하고 있는 시의 정신이다.

창밖에는
봄의 선율이 예수의 손길처럼 흐르는데

긴박한 고요 속
놀란 동공 점멸등처럼 껌벅거린다

툭 멈춰버린 심장박동,
핏기없는 얼굴
가시 같은 말들이 회오리 같이 파고든다

율법이 된 문장들이
상처로 파고드는 시간

창밖의 봄비는 예수의 손처럼
먼지를 씻어낸다

파릇파릇 살아나는 꽃처럼
바리새인의 문장을 순한 손으로 닦고 싶다

여명이 어둠을 밝히듯
한 줄기 빛으로 기도한다

사랑으로 살아내지 못한 것은
살아도 죽은 것이라며

가진 것 적어도
빵을 나누어 주시던 예수의 손

봄비가
율법에 갇힌
마른 가지마다 봄물을 적신다
　　　　　　　－「바리새인을 씻기는 봄비」 전문

　시인은 비유와 묘사의 달인이다. "창밖에는/ 봄의 선율이 예수의 손길처럼 흐르는데"라는 표현을 누가 할 수 있을까. 봄비를 봄의 선율로 치환하고 이 선율을 예수의 손길로 변환하는 일은 시인의 손끝에서 탄생한 문장의 백미다. 시인의 마음에는 봄비가 예수의 손길처럼 따뜻한 은총으로 흐른다. 하지만 어느 순간 시인은 "툭, 멈춰버린 심장박동"을 느낀다. 시인이 자신을 '바리새인'이라고 인지하는 순간, 신의 은총이 멈춰버렸다고 생각하기 때문이다. 이는 사랑보다 율법을 좋아했던 바리새인을 향한 경고이기도 하다. "율법이 된 문장들이/ 상처로 파고"들기 때문이다고 시인은 말한다. 그러나 그런 바리새인에게도 예수의 은총이 흐른다는 사실에 시인은 전율한다. "율법이 된 문장들이/ 상처로 파고드는" 그 순간에도 봄비가 내리듯 예수의 은총이 흘러내린다. 그 사실을 깨달은 시인은 "여명이 어둠을 밝히듯/ 한 줄기 빛으로 기도한다" 시인의 그 기도가 바로 사랑이다. "사랑으로 살아내지 못한 것은/ 살아도 죽은 것"이라고 말한다. 사랑이 없으면 살아도 심장이 없는 것과 같다. 시인은 "율법에 갇힌/ 마른 가지마다 봄물을 적신다"는 표현을 통해 시인은 율법에 갇힌 심장 없는 사랑에게 깨우침을 준다. 대지를 적시는 봄비는 율법이 아니라 사랑이다. 사랑이 율법을 완성하는 것이다.

2. 시인의 내면에 자리한 죽음과 불안 의식

시인의 죽음 의식은 단절이 아닌 삶으로 이어진다는 의미에서 재생과 부활을 의미한다. 죽음을 통한 내면의 붕괴, 불안 속에서 자아가 파괴되는 것이 아니라 오히려 존재의 각성을 통해 저항하는 에너지가 된다. 죽음을 통한 존재의 갱신으로서의 죽음과 불안 의식은 단순한 공포가 아니라 자아가 깨어나는 과정으로 읽힌다.

1
황금 들녘이
어둠으로 들어가면
바람도 길가에 나와 숨을 턴다
느닷없이 발을 헛디딘 것처럼
구례군 황전을 지나가다
황천으로 오독한 네비가 죽음 쪽으로 차를 몬다

2
검은 그림자
빽빽한 저승 사자가
팔 내밀어 외길을 움켜잡고 밀고 당긴다
빗줄기의 정령들이
혼란한 내 영혼을 흔드는 사이
가슴은 절벽에 가 닿는다

3
문득,
생生으로 가는 가로등이 나타난다
죽음의 늪에서 풀려나는 길목처럼
황천이 황전으로 돌아오는, 리셋
영혼은 다시
황금 들녘에서 초서로 물결치고
이 한 생,

가냘픈 코스모스처럼

흔

들

렸

다.

- 「한밤의 황전」 전문

 시인의 의식을 지배하는 죽음 의식을 살펴보자. 시인은 구례군 황전을 지나가면서 "느닷없이 발을 헛디딘 것처럼/ 구례구 황전을 지나가다/ 황천으로 오독한 네비가 죽음 쪽으로 차를 모"는 경험을 한다. 우리도 가끔 뭔가에 씌인 듯이 빨려들어 가는 때가 있다. 이 상황에서 시인은 "빽빽한 저승사자"를 만난다. 이러한 빽빽한 불안 의식은 시인의 내면에 자리한 불안을 내포한다. 길가에 늘어선 나무들이 저승사자로 보이고 비까지 내린다. 엎친 데 덮친 격이다. 시인은 혼란에 빠지고 가슴은 두려움으로 절벽에 가 닿는다. 위태위태한 상황이다. 낯선 길, 아무도 없고 적막한데 비까지 내린다.

 이 암담한 상황에서 시인은 가로등을 만난다. 이 가로등은 "죽음의 늪에서 풀려나는 길목처럼/ 황천이 황전으로 돌아오는, 리셋"이다. 황전이 황천으로 황천이 황전으로 돌아오는 여정인 셈이다. 삶이 죽음으로 죽음이 다시 삶으로 돌아온다는 사실을 깨달은 시인은 다시 황전으로 리셋된다고 말한다. 결국 암담함이 지속되지 않는다. 절망이 지속되지 않는다는 사실을 시인은 깨닫게 되는 것이다. 삶의 자리에서 시인의 영혼은 다시 희망으로 가득한 "황금 들녘에서 초서로 물결"친다. 시인은 안도하는 것에 만족하는 대신 자신을 돌아본다. 시인은 생이라는 것이 작은 오독으로도 이렇게 두려움에 떨 수 있는 존재라는 사실을 실감한다. 작은 바람에도 "가냘픈 코스모스처럼 흔/들/렸/다."고 말하는 존재다. 시인은 안다. 인간의 나약함을 있는 그대로 응시하고 이를 통해 존재의 불안을 묻는다.

3. 크로노스의 시간과 카이로스의 시간

시인에게 크로노스의 시간은 도구적이고 폭력적인 시간이자 억눌리고 매몰된 역사적 시간이다. 흐르는 시간, 양적 시간, 일정한 순서의 시간을 의미하는 크로노스의 시간은 시간의 속박에 갇혀 있는 시인의 시간이다. 반면 시인이 꿈꾸는 카이로스의 시간은 질적 시간이자 그 순간은 영원이 응축되는 시간이다. 영감이 찾아오는 시간이자 각성과 변혁이 일어나는 시간인 질적인 시간이다. 이선주 시인은 이러한 시간을 통해 죽음과 불안에서 삶의 회복과 구원으로 자신을 변화시킨다.

카풀 시간 훌쩍 넘기고, 늦어서 미안하다고 연락을 한다

한 시간이나 남았다는 전언

이런, 한 시간이 접혔다

접힌 한 시간 동안 커피 한 잔의 여유를 만끽한다

접힌 시간은 여유로움과 사색의 시간

조급함을 밀어내고 훈기를 불어넣는 시간

도마 위에 올려진 물고기인 양 시간에 허덕이며 몸부림치던 순간을 생각한다

칼날에 잘려 토막나던 시간

접힌 시간은 상처를 싸매고 다시 일어서는 기회

조각난 시간을 이어 스테인글라스가 되듯

이제, 희망의 노래가 되리

독수리 날개 치듯 비상하리

접힌 시간, 환하게 펼치며 빛나리
- 「접힌 시간에 관한 사유」 전문

시인에게 시간은 신이 부여한 은총이다. 시인은 신이 부여한 시간 속에서 행복을 느낀다. 카풀 시간에 늦었다고 연락을 한 시인에게 카풀하는 사람은 한 시간이나 남

았다고 말한다. 한 시간의 여유를 시인은 "이런, 한 시간이 접혔다"로 표현한다. 무형이 시간을 구체적으로 형상화한 표현은 "동짓날 기나긴 밤을 한 허리를 베어내어 춘풍 이불 아래 서리서리 넣었다가 님 오신 날 밤 이어든 굽이굽이 펴리라"고 했던 황진이의 시적 감각과 닮았다. 접힌 시간이 주는 여유로움은 시인에게 훈기를 불어넣는 시간이다. 왜 훈기를 불어넣는가. 시인은 "도마 위에 올려진 물고기인 양 시간에 허덕이며 몸부림치고 있기 때문이다. 칼날에 잘려 토막나던 시간"이라는 표현을 통해 자신이 시간에 몸부림치며 허덕여 왔다고 말한다. 이런 시간은 시인이 치열하게 자신을 던진 시간이기도 하지만 다른 한 편으로는 자신을 잃어버린 시간이기도 하다. 그러니 '접힌 시간'은 "상처를 싸매고 다시 일어서는 기회"가 된다. 이 접힌 시간을 통해 시인은 "조각난 시간을 이어 스테인글라스가 되듯/ 이제, 희망의 노래가 되리"라고 말한다. "독수리 날개 치듯 비상하리/ 접힌 시간, 환하게 펼치며 찬란하게 빛나리"라고 말한다. 시인은 자신을 돌아보고 성찰하는 시간을 통해 독수리처럼 날개치며 날아오를 것이다. 시간이야말로 최고의 은총이자 최대의 적이다.

잠수한다

한 번도 마주한 적 없는 에메랄드의 시간 속으로

호흡이 가빠오고 동공이 확장되는
미증유의 시간

골든 트레빌리 두동가리돔 파랑비늘돔이 곁을 스쳐 지나간다

산호들이 이룩한 성城에 도착하면
가슴과 머리, 손과 발에서도 노랗고 파란 꽃들이 피어난다

저 무성한 시간의 군무
일사불란한 카드섹션처럼 반짝인다

외면했거나 닫아버린 촉각들이
절대의 시간처럼 일어선다

매 순간이 모여 노랗고 파랗고 붉은 산호성을 짓는다

순간을 무시하고 영원만을 위해 발버둥쳤던 나의 시간 위로
금빛 햇살이 아름다운 순간으로 부서진다

산호에 스며든 금빛 보화들이
줄지어 등불을 밝히면

나는 잃어버린 카이로스를 찾아
영원한 잠수를 꿈꾼다

－「카이로스 속으로」 전문

시간은 시인이 천착하는 대상이다. 시인은 "한 번도 나와 마주한 적 없는 에메랄드의 시간 속으로" 들어가려고 한다. 그 시간은 지금까지 한 번도 경험한 적이 없는 "미증유의 시간"이다. 어떤 시간을 맞이하기에 시인은 '에메랄드'라는 표현을 썼을까. 시인은 시간을 산호에 빗댄다. 형형색색 아름다움을 뽐내는 산호들처럼 시간은 아름답게 물결친다. 시간이 주는 축복이다. 시인의 가슴과 머리, 손과 발에서 노랗고 파란 꽃들이 피어난다. 시인은 "저 무성한 시간의 군무"를 통해 인간이란 존재가 시간 속에서 아름답게 피었다가 졌다는 사실을 각인한다. 인간은 시간을 외면할 수 없다, 시간이 곧 인간이기 때문이다. 시인은 "매 순간이 모여 노랗고 파랗고 붉은 산호성을 짓는다'를 통해 시간의 속성을 이야기한다. 시인이 보기에 시간은 순간으로 이루어져 있다. 가장 아름다운 '에메랄드'의 시간도 '순간'이 낳은 것이다. 그러니 '순간은 시간을 낳은 어머니'라는 역설이 가능하다. "산호에 스며든 금빛 보화들이/ 줄지어 등불을 밝히"는 일도 순간이 모여서 이루어진 일이다. 시인은 잃어버린 순간의 시간을 찾아 '카이로스'의 시간을 꿈꾼다. 카이로스의 시간은 양적, 연속적인 시간인 크로노스의 시간과 다르다. 카이로스의 시간은 인생을 바꾸는 결정적인 순간이다. 깨달음의 시간이자 변혁의 시간이다. 시인이 꿈꾸는 순간은 바로 결정적인 순간을 의미한다. 시를 쓰는 일도 크로노스의 시간이 아니라 카이로스의 시간이다.

4. 시 속에 나타난 어머니

　시인이 삶과 죽음, 그리움의 구도로 빚어낸 대상이 어머니다. 어머니의 생애와 영혼을 시간의 초월, 즉 카이로스의 시간으로 되살리는 존재의 회고이기 때문이다. 침묵하는 어머니는 죽음 이후의 언어이자 끝없는 그리움의 거리다. 시인은 거울에 반사되는 어머니를 통해 삶과 죽음이 서로를 바라보는 있는 상황을 그리고 이를 통해 크로노스와 카이로스가 서로를 바라보는 시간의 접합과 동시에 존재가 되살아나는 과정을 생의 일부로 흡수하고 있다.

　　바람에 펄럭이는 저고리 은빛 물결 같은 산 능선을 지나면 산사는 고요하다 진분홍 저고리에 연지곤지 찍고 수줍어하던 지순한 신부였을, 꽃 같던 젊음의 흔적 남김 없이 지우고 가슴속 상처는 은은한 억새꽃으로 숙성시킨 미소를 품고 있다

　　미명에 들판에 나가 땀과 눈물 쏟아 내던 날들, 자식들 뒷바라지에 한 몸 비워내고 따뜻한 구들장 가슴으로 기도하시던 어머니. 뒤뜰 감나무 그늘에 등 돌리고 앉아 입에 문 담배 연기 허공으로 피워 올린 그 속앓이 이제야 더듬어 볼 수 있을 것 같은데 어디로 소풍 가셨는지 돌아오는 길은 구만리장천

　　양귀비꽃 수레국화 라일락으로 오셨나요 분홍 노랑 보

라 만장 같은 섶에 가려진 얼굴 그 얼굴 단 한 번만이라도 만나고 싶은데, 철 따라 피고 지는 당신의 전 생애가 비밀 수장고에서 나와 훨훨 날아갑니다
  - 「산사에서 어머니를 더듬다」 전문

 시인에게 어머니는 어떤 존재였을까. 시편 곳곳마다 어머니가 스며들지 않은 곳이 없을 정도로 어머니는 신의 은총을 대변한다. '산사'에 대한 묘사를 살펴보자. "바람에 펄럭이는 저고리 은빛 물결 같은 산 능선을 지나 만나는 고즈넉한 산사는 고요하다"는 표현은 심상과 풍경이 만나는 한 폭의 아름다운 그림을 떠올리게 한다. 이 산사는 "진분홍 저고리에 연지곤지 찍고 수줍어하던 지순한 신부였을" 것 같기도 하고 "꽃 같던 젊음의 흔적 남김없이 지우고 가슴속 상처는 은은한 억새꽃으로 숙성시킨 미소를 품고 있"을 것도 같은 모습이다. 묘사만으로 산사가 간직한 고즈넉함과 깊음, 그리고 시인의 설렘을 표현하고 있다. 이 산사에서 시인은 어머니를 본다. "자식들 뒷바라지에 한 몸 비워내고 따뜻한 구들장 가슴으로 기도하시던 어머니."를 떠올리는 것이지만, 산사가 곧 어머니로 치환되는 부분이기도 하다. "뒤뜰 감나무 그늘에 등 돌리고 앉아 입에 문 담배 연기 허공으로 피워 올린 그 속앓이 이제야 더듬어 볼 수 있을 것 같은데 어디로 소풍 가셨는지 돌아오는 길은 구만리 장천"이라고 말함으로써 '입에 문 담배 연기 허공으로 피워 올린 그 속앓이'를 통

해 어머니의 한평생을 되짚어보는 것이다. 시인은 어머니를 찾는다. 양귀비꽃, 수레국화, 라일락도 지상으로 오신 어머니로 보인다. 시인의 눈에는 모두가 어머니다. 그 얼굴 다시 보고 싶어 거울 앞에 서면 어머니를 닮았다는 자신의 얼굴이 보이고 그 얼굴에서 흐르는 어머니의 눈물이 보인다. 시인의 '비밀 수장고'에 간직한 어머니가 훨훨 날아다니는 산사, 애틋하면서도 간절한 시인의 그리움이 빼어난 감각으로 표현되고 있다.

 고향 집 뜨락은 자궁처럼 따뜻하고 외로운 발걸음으로 거닐면 나를 다독이는 아카시 나무 하굣길, 마을 어귀에까지 향기로 마중 나와 반겼지 대문 안으로 들어서면 마법에 걸린 듯 아득한 시간이 홍조를 머금은 저녁, 하루를 노동을 마친 등 굽은 호미 같은 그녀가 보인다 헤진 발걸음 재촉하며 마당을 들어서던 어머니. 하얀 꽃차례는 해 거르지 않고 계절을 기억하는데 평생 지워지지 않는 고향의 향기에 젖어 뜨락을 서성인다.

 하얀 나비 떼들이 파닥이는 아카시 나무 곁을 어머니가 꿈결처럼 지나가신다
            - 「아카시 해후」 전문

 이선주 시인은 "고향 집 뜨락은 자궁처럼 따뜻하고 외로운 발걸음으로 거닐면 나를 다독이는 아카시 나무"라고 어머니를 아카시 나무로 치환하면서 어머니의 그리움

을 한층 격을 높여 표현한다. 하굣길, 마을 어귀까지 향기로 마중 나오는 '아카시 나무'나 자식을 염려하는 어머니 마음이나 다 같은 마음이다. "대문 안으로 들어서면 마법에 걸린 듯 아득한 시간이 홍조를 머금은 저녁, 하루의 노동을 마친 등 굽은 호미 같은 그녀가 보인다."를 통해 어머니를 그려낸다. '등 굽은 호미'를 통해 노동에 지쳐 있는 어머니를 묘사한다. "하루의 노동을 마친 등 굽은 허리"가 시인의 어머니이기 때문이다. 평생 지워지지 않는 고향의 향기는 아름다운 풍경과 함께 등 굽은 호미처럼 일하시던 어머니에 대한 기억이 겹쳐서 드러난다. 어머니는 인간을 위해 일하는 신의 손처럼 한 번도 쉬지 않고 노동하는 사랑의 존재이다. 시인에게는 이런 아린 기억이 종교적인 은총으로 대체된 것으로 보인다.

시인은 「먼 길」라는 시편에서도 어머니를 "저승길 넘어가는 서산마루에 만장이 휘날린다"라고 표현함으로써 슬픔을 드러내는데 이 슬픔의 감정을 "매듭짓지 못한 이야기"라고 말한다. 다시 말해 천국으로 떠나시는 어머니를 "원삼 족두리 곱게 입혀 위무했건만" 어머니는 막내딸인 시인 때문에 가지 못하고 이 지상에 머뭇거린다는 것이다. 딸이 염려되어 천국으로 가는 길조차 가지 못하시는 어머니를 통해 사랑과 그리움을 역설적으로 표현했다.

5. 성찰을 통해 다다른 시적 깊이

자기 성철과 존재의 자각으로 통해 죽음와 불안, 부재

와 존재를 그려낸다. 성찰은 죽음을 바라보면서 동시에 죽음과 삶이 거울처럼 비치는 상태다. 성찰은 문이다. 외부세계의 문이 아니라 내 안의 문으로 들어가는 문이자 각성이 일어나는 카이로스의 시간이다. 진정한 자기 성찰을 시인은 울음으로 표현한다. 문이 있어 내 안의 울음 소리를 들을 수 있기 때문이다.

> 울고 있는 문
> 언젠가 보았지 퉁퉁 부은 눈시울로 나를 기다리고 있는 문
> 알몸으로 달빛을 받고 있는 문
> 나도 모르게 들어가고 싶은 그 문
> 이제야 알겠네
> 왜 문들이 하나 같이 울고 있는지
> 기다리는 문은 얼마쯤 슬픔이 화인처럼 찍혀 있어
> 눈물이 그렁거리지
> 고요와 적막을 기다림으로 바꾸고 있는 문
> 나는 저만치 서서
> 문으로 들어갈 수 없었던 날들을 생각하네
> 슬픔에 출렁이는 문 앞에서
> 한없이 젖고 마는 나는
> 문 앞에서 돌아서는 문
> 그 사람 어깨에 달빛만 걸쳐놓고 돌아서는 문
>
> ―「문門」 전문

시인은 어떤 문을 열고 나가려는 것일까. 시인의 문은 울고 있다. "언젠가 보았지 퉁퉁 부은 눈시울로 나를 기

다리고 있는 문"을 통해 문은 인격화된다. 아니 오히려 인격체보다 더 놓은 곳에 있다. 그 문을 알몸으로 달빛을 받는 문이고 시인이 나도 모르게 들어가고 싶은 문이다. 그런데 그 문들이 하나 같이 울고 있다고 시인은 말한다. 왜 울고 있을까. 기다림 때문이다. 기다려도 오지 않는 일로 문은 울고 있다. 이는 신의 기다림과도 통한다. 인간이 죄를 회개하고 돌아오기를 기다리지만 돌아오지 않는 인간들로 인해 신의 눈은 항상 부어 있다. "슬픔에 출렁이는 문 앞에서／ 한없이 젖고 마는 나는／ 문 앞에서 돌아서는 문"이었다. 회개의 순간에 그의 어깨에 달빛만 걸쳐놓고 돌아서는 문이었다. 진정한 회개의 문으로 들어가지 못한 시인의 고백이 문의 초상이다. 문은 시인을 기다린다. 그러나 시인은 아직 문 앞에서 들어가지 못하고 문이 되어 망설인다.

그 문을 넘기 위해 시인은 무엇을 꿈꾸었을까. 다음의 시편들은 시인이 지향하는 곳을 가리키고 있다.

> 아침부터 햇살이 창문에 다리를 길게 뻗는다
> 염천에 땀방울 등줄기 타고 미끄러지는 시간,
> 늦가을 홍시를 꿈꾼다
>
> 젊은 날
> 땡감처럼 허공의 나뭇가지에 아등바등 매달려
> 함부로 떨어지지 않기 위한 떫은 성미는 아니었을까

그러나 나는 안다
홍시가 되기 위해서는 땡볕과 폭풍우를 견뎌야 한다는 것,
그러므로 오래 견뎌온 나는 홍시를 꿈꾼다
그 힘으로 온몸에 단맛이 스미고
가을 붉게 숙성된 풍경을 그리워한다
  -「홍시를 꿈꾸다」전문

이 시는 이선주 시인이 추구하는 방향의 실마리를 알려준다. 먼저, 시인의 묘사는 새롭고 인상적이다. "햇살이 창문에 다리를 길게 뻗는다"는 독자들에게 새로운 감각을 부여한다. 뜨거운 여름, 햇볕이 쨍쨍거리는 염천의 시간, 땀을 흘리면서도 시인이 꿈꾸는 것은 '홍시'다. 홍시는 시인의 지향점이자 추구하는 가치를 대변하는 대상이다. 시인은 젊은 날의 자신을 '땡감'으로 상징화시킨다. 그리고 '땡볕'과 '폭풍우'라는 시련의 시간을 극복해야 비로소 단맛을 지닌 '홍시'로 성숙할 수 있다고 노래한다. 시인이 추구하는 삶의 가치를 짧고 간명하게 드러냈다.

진흙탕만 보이던 시간이었어

눈보라 속에서 길을 잃고 제자리로 돌아와 울던 사랑

잃어버린 길 위로 천둥과 번개가 내리치는 악몽을 꾸었지

귀가 멀고 섬유화된 폐처럼 어둠에 갇혔지

팔도 다리도 없이 진흙탕을 뒹구는 두려움

　　눈도 귀도 혀도 없이 영혼이 없이 살아가야 하는 시간 앞에 암담으로 울었지

　　흑암 속에서 별이 보였어

　　단맛을 잃지 않고 겨울을 건너온 봄동처럼

　　천둥과 번개의 음표로 청중의 가슴을 아름답게 때리던 베토벤처럼

　　팔도 다리도 없지만 희망을 전해주는 닉 부이치치처럼

　　아름다운 영혼을 지닌 헬렌켈러처럼

　　빛나는 초인들의 별

　　진흙탕에서 피어나는 꽃

　　나는 눈에 쌓인 어둠을 털고 니체의 별을 바라보았지
　　　　　　　　　　　　　　　　－「니체의 별」전문

　시인의 젊은 날의 고뇌를 엿볼 수 있는 시어가 '진흙탕'이다. "눈보라 속에서 길을 잃고 제자리로 돌아와 울던 사랑"도 진흙탕 같고 "잃어버린 길 위로 천둥과 번개가 내리치는 악몽을 꾸"던 시간도 진흙탕 같고 "귀가 멀

고 섬유화된 폐처럼" 어둠에 갇혀 있는 시간도 진흙탕 같다. 시인은 이 시간에 '암담'으로 운다. 암담은 어둠보다도 깊은 절망이다. 어둡고 희망이 보이지 않는, 내면의 우울과 그늘을 포함하는 말이다. 시인은 암담의 시간과 함께 '흑암'을 가져온다. 흑암은 단순히 물리적 어둠을 넘어 절망과 무지, 고통과 죽음, 영혼의 암흑은 상징하는 개념이다. 다시 말해 바닥의 바닥이다. 시인의 자신을 얼마나 치열하게 바라보고 있는지 알 수 있게 한다.

이 끝없는 어둠의 절망 속에서 시인은 '별'을 보았다고 한다. 봄의 시작을 알리는 채소인 '봄동'처럼 빛나는 별의 이미지는 "천둥과 번개의 음표로 청중의 가슴을 아름답게 때리던 베토벤"같고, "팔도 다리도 없지만 희망을 전해주는 닉 부이치치"같고 "아름다운 영혼을 지닌 헬렌 켈러처럼" 빛나는 사람들이다. 절망의 상황에 놓여 있지만 절망하지 않는 사람들을 '빛나는 별'이라고 표현하며 그들을 이정표로 삼아 시인도 '진흙탕'에서 올라오는 '꽃'이 되고자 한다. 그래서 시인은 자신의 "눈에 쌓인 어둠"을 털어낸다고 한다. 어둠을 털어 내고 니체가 말한 '초인'의 별을 본다. 이 '초인'이 시인이 추구하고자 하는 궁극적인 가치이며 도달하고자 하는 목표가 된다. 빛나는 영혼을 가진 시인의 정신이란 바로 초인이 아니던가. 이처럼 시인은 철저한 자기 반성을 통해 새로운 별을 바라본다. 바로 '초인'이다.

억새는 저항한다

석양이 몰고 오는 붉은 어스름에
강물에 눈 부시는 윤슬에
비튼 난장으로 후리는 바람에

저항한다

흔들리는 일은 온몸으로 저항하는 일
쓰러지지 않기 위해
온몸을 흔든다

억새는 은발의 레지스탕스

흔들리며
씨앗을 심는다

― 「은발의 레지스탕스」 전문

  시인은 초인에 도달하기 위해서는 '진흙탕'의 세계에 '저항'해야 한다고 말한다. "석양이 몰고 오는 붉은 어스름에/ 강물에 눈 부시는 윤슬에/ 비튼 난장으로 후리는 바람에" 저항하며 흔들리는 억새처럼 시인도 온몸으로 저항한다. "흔들리는 일은 저항하는 일/ 쓰러지지 않기 위해/ 온몸을 흔드"는 억새는 시인의 표상이다. 이 억새가 "은빛 레지스탕스"로 비약하는 지점이 시의 압권이다. 억새가 저항의 상징인 레지스탕스로 새롭게 태어나는 지점이기 때문이다. 시인은 자신의 가슴에 씨앗, 바로 저항을 심는다. 시인이 생각하기에 이렇게 불의로 가득한 세상을 의미하는 '진흙탕'에 저항하는 자야말로 사랑으로 진정한 초인의 별에 다다를 수 있다고 믿기 때문일 것이다.

6. 참회와 은총의 미학

참회는 인간이 자기 안에 있는 어둠을 인정하고 그 속에서 은총을 발견하는 영성을 지닌다. 참회는 무릎을 꿇는 태도이며 자신의 상처를 심미적으로 인식하고 받아들이는 것이다. 이러한 참회는 영혼의 정화 과정이며 이를 통해 은총이 스며드는 시간을 맞이한다. 이 시간 또한 카이로스의 시간이다. 참회는 직선의 길, 즉 크로노스가 아니라 스스로 돌아보는 길, 카이로스의 시간이다. 시인은 참회를 거쳐 은총으로 이어지는 영혼의 여정으로 하고 있다.

> 철길은 녹슨 평행선
> 침목 사이에 풀꽃이 피었다가 진다
> 기차의 경적은 철로처럼 끊겨 있다
> 소나무에 옷자락 스치며 인연의 에움길을 걷는다
> 그대는 교집합으로 똘똘 뭉쳐있는 둥근 공이었나
> 퍼즐처럼 제 자리를 찾아내는 기억들
> 바닥을 통통 튀며 구른다
> 빗질한 머리에 동백기름 바른 할머니처럼

가지런해진 마음이 수평을 이룬다
녹슬어도 또 만날 수 있겠지
불투명한 미래는 보증할 수 없는 담보물
기분을 가불하지 않겠다
달빛 창가에 말러의 4번 교향곡이 부팅되면
다윗의 참회의 눈물,
미제레레로 화답하는 고요한 파문
머물다 간 시간이 홀로 접점이다
그대와 나는 철길처럼 흐르는 평행선
은총으로 흐르는 길
  - 「길은 은총으로 흐르고」 전문

 철길은 녹슬어 있다. 다시 말해 기차가 다니지 않는 폐선이다. 그래서 침목 사이에 풀꽃이 피었다가 진다. 한때는 기차가 지나가면서 융성했을 자리는 녹이 슬어 있다. 시인은 이 상황을 "기차의 경적은 철로처럼 끊겨 있다"로 표현할 수 있는 시인이다. 경적도 철로도 끊어진 상황을 비유적으로 표현한 것이다. 시인은 이 끊어진 길과 대비되는 인연의 길을 생각한다. 그래서 "인연의 에움길"이 힘을 얻는다. 인연의 길에서 만난 "그대는 교집합으로 똘똘 뭉쳐있는 둥근 공이었다/ 퍼즐처럼 제 자리를 찾아내는 기억들/ 바닥을 통통 튀며 구른다"를 통해 그대의 의미를 '교집합'으로 표현한다. 교집합은 겹침을 의미한다. 이곳의 시간과 저곳의 시간, 이곳의 장소와 저곳의 장소에서 그대와 내가 연결되어 있다는 의미다. 철길처럼 인연이 끊어져 있지만 이제 시인은 절망하지 않는다. "빗질한 머리에 동백기름 바른 할머니처럼/ 가지런해진 마음이 수평을 이룬다"를 통해 시인의 마음은 끊어진 철길과는 다른 또다른 수평을 이룬 마음의 철길이다. 녹이 스는 일로 절망하지 않고 "녹슬어도 또 만날 수 있겠지"라고 말함으로써 긍정의 자세로 나아가는 철길이다. 시인은 그 이유를 다음과 같이 표현한다. "불투명한 미래는 보증할 수 없는 담보물"이다. 다시 말해 미래는 알 수 없다. "달빛 창가에 말러의 4번 교향곡이 부팅되면/ 다윗의 참회의 눈물,/ 미제레레로 화답하는 고요한 파문" 때문이다. 미제레레Miserere는 라틴어로 '자비를 베푸소서, 불쌍히 여기소서'라는 말이다. 이 말속에 시인이 말하고 싶은 바가 들어 있다. 말러의 4번 교향곡Symphony No. 4 in G Major은 대자연과 죽음 이후의 세계를 담은 천국의 노래라고 알려져 있다. 여기에 다윗의 참회의 눈물이 함께 교집합으로 들어와 있다. 결국 시인은 이러한 예를 통해 우리는 죽음으로 만나지만 죽음으로 만나기 전까지는 "철길처럼 흐르는 평행선"이라는 말을 하고 싶은 것이다. 죄인인 인간을 향한 자비와 죽음 이후 천국이 기다리고 있는, 그 천국에 가기 위해서는 참회로 거듭나야 한다는 의식이 자리한다. 그 길이 "은총으로 흐르는 길"이다. 삶이 모두 은총이라는 의식, 사랑이라는 의식이 시인의 하루를 여는 이유가 된다.

모서리 뒤집고 지상을 때린다

양철지붕 용마루와 치미, 골, 역치로도

한여름 홍역 앓고 난 풋감 위에도

바람의 무등 타고 계절을 건너가는 아름드리 참나무도 때린다

깊게 뿌리 내린 나의 기억과 한 겹이 더 늘어난 나이테와

천 년을 서 있는 바위의 마음을 때린다

회초리는 수억 년 전부터 회초리

나의 후회와 회한과 어리석음을 때리는

소나기는 회초리

회초리에 맞아

비 그친 뒤

맑게 갠 나의 영혼

- 「소나기」 전문

시인이 말하는 참회는 무엇을 의미할까. 시인에게 소나

기는 회초리다. 지상을 때리는 회초리다. "양철지붕 용마루와 치미, 골, 역치로도/ 한여름 홍역 앓고 난 풋감 위에도/ 바람의 무등 타고 계절을 건너가는 아름드리 참나무도 때"리는 회초리다. "깊게 뿌리 내린 나의 기억과 한 겹이 더 늘어난 나이테와/ 천년을 서 있는 바위의 마음을 때리"는 회초리다. 이 회초리가 "나의 후회와 회한과 어리석음"을 때린다. 자신을 때리는 회초리처럼 자신의 잘못을 때리는 회초리. 참회는 아픈 것이다. 양심의 회초리로 후회와 회한과 어리석음의 시간을 때려야 하기 때문이다. 하지만 이 시간이 없으면 새로운 사람으로 거듭날 수 없다. 시인의 영혼은 참회의 회초리에 맞아 맑은 영혼으로 거듭난다.

지금까지 이선주 시인의 시를 종교적인 관점에서 영성과 자기 성찰, 기도, 어머니, 참회 등의 다양한 시각에서 바라보았으나 이 모든 것을 시에 녹여내는 것은 시인의 시적 능력이다. 시인은 깨어진 시간을 잇는 장인이다. 시적 표현의 뛰어남과 비유의 참신함을 갖춘 시인의 앞으로의 시가 더 기대되는 이유이기도 하다. 시인은 자신의 자리를 '바리새인'의 자리에 둠으로써 사랑을 잃어버린 '진흙탕'과 같은 세상에 '저항'한다. 이 저항이야말로 진정한 시의 정신이다. 이 저항을 통해 다다르고자 하는 초인은 세상의 더러움과 악함에 물들어버리는 순응이 아니라 저항으로 세상의 어둠을 밝히는 저항의 등불이며 참회이기 때문이다. 시인은 이 모든 것이 신의 은총이자 사랑이라고 말한다. 시인이 사랑하는 이유도 신의 은총 때문이다.

시인에게는 사랑이야말로 죄로 가득한 이 세상에 저항하는 무기다. 시인의 시가 뛰어난 점은 이러한 특정 목적을 지니고 있으면서도 가장 인간적인 고뇌와 방황을 품고 있으면서도 비유와 상징을 통해 빼어나게 표현하고 있기 때문이다. 시인은 바리새인과 진흙탕, 초인, 크로노스의 시간과 카이로스의 시간, 어머니, 홍시, 등의 시어뿐만 아니라 음악과 미술, 철학과 인문학적인 요소를 끌고 와 다양한 시적 스펙트럼을 넓히고 있다.

이선주 시인의 시 세계는 크로노스의 시간, 즉 흘러가며 소멸하는 일상의 시간 속에서 벗어나 카이로스의 시간, 질적 변화와 각성이 일어나는 순간의 시간으로 나아간다. 「접힌 시간에 관한 사유」와 「카이로스 속으로」에서 시인은 상처와 불안을 직시하며 이를 통해 '결정적 순간'을 맞는다. 이 시간은 절망을 전복하고 내면의 리듬을 회복하는 구원의 통로이다. 시인은 시간의 흐름을 단순히 견디지 않고, 그 속에서 신의 은총과 인간의 성찰이 만나는 찰나를 포착한다. 카이로스의 시간은 그에게 참회와 부활, 저항과 은총이 교차하는 시적 구원의 순간이다. 이선주 시인의 『니체의 별』 출간을 진심으로 축하드리면서 앞으로 다양한 스펙트럼의 확장과 영성으로 빛나는 시의 큰 걸음을 고대한다.